COUP D'ŒIL

SUR

LES OUVRAGES

MODERNES.

OU

Réponses aux Observations sur la
Littérature de M. L. D. L. P.

palissot

Par M..... D. M.......

Dat veniam corvis vexat censura colombas.
Tome I.

1751.

COUP D'ŒIL
SUR
LES OUVRAGES MODERNES.

ARTICLE PREMIER.

Plande cet Ouvrage.

ON est convenu de tout tems,
de l'utilité des critiques, sans
avoir beaucoup d'égard pour ceux
qui les font. Le Public applaudit à
la malignité d'un Auteur périodique,
on veut voir son Ouvrage, l'ironie
qui y régne satisfait la méchanceté
des hommes ; la paresse y trouve son
compte ; ces feuilles périodiques sont
des extraits de tout ce qui paraît
dans la Litérature. Beaucoup de per-
sonnes veulent avoir une teinture de
ce qu'on nomme Ouvrage d'esprit,
on achete une feuille, on parcourt
les différens ouvrages dont elle traite,

A ij

on retient les jugemens que le Journaliste en a faits, on va les répandre ; insensiblement on se fait une réputation d'homme lettré ; on trouve des Partisans, des ennemis, ç'en est assez pour jouer un rôle dans un certain monde subalterne.

Mais si tout le monde convient que la critique est utile, pourquoi d'un autre côté, ce mépris général pour les critiques ? Pourquoi ne passent-elles point à la postérité ? Cette idée seule devroit suffire, à ce qu'on croit, pour intimider tous les esprits Satiriques ; l'oubli doit être leur partage. La haine, les persécutions de ceux qu'ils attaquent sont ordinairement le fruit de leurs travaux, n'importe, on critiquera toujours.

Cette contrariété de l'esprit humain qui convient de l'utilité de la censure, & qui déteste ceux qui s'en mêlent, est un objet que je crois devoir approfondir. Ceci conduira naturellement, à l'exposition du plan que je me propose dans cet Ouvrage.

Puisqu'on convient que la critique eſt utile, que ceux même qu'elle attaque, ſont forcés d'en convenir, ce n'eſt donc point la critique qu'on mépriſe, c'eſt la maniére dont on la ſait, c'eſt le ſtyle, c'eſt la pré-vention, c'eſt la malignité qu'on croit découvrir dans les Auteurs qui s'y attachent. Il n'eſt pas difficile d'être plaiſant, il eſt difficile d'être juſte dans ſes plaiſanteries; ce vers de la comédie du glorieux

La critique eſt aiſée & l'art eſt difficile.

eſt faux ſi l'Auteur a voulu par-ler de la critique juſte, elle eſt au moins auſſi difficile que l'art: il n'eſt que trop vrai ſi l'on a voulu parler de la quantité de critiques dont on eſt innondé.

Ne peut-on point attaquer un ouvrage, ſans décrier l'Auteur par des railleries améres, par des épi-grammes ? C'eſt par des raiſon-nemens, non par des plaiſanteries qu'on prouve la ſolidité d'une cri-tique ; mais il eſt difficile d'achever une feuille de raiſonnemens, ſans y mêler quelque injure. Tout cela

A iij

part d'un faux principe. On s'imagine que l'ironie & la cenſure ſont
ſinonimes ; rien n'eſt plus faux.

On s'eſt imaginé que pour trouver des lecteurs, il falloit aſſaiſonner
ſes ouvrages de traits malins, c'eſt
ce qu'on appelle égayer le public :
on croit qu'un Ouvrage périodique
ne ſe ſoutiendroit pas ſans cela ;
c'eſt outrager l'humanité ; je ſçais
que la perverſité naturelle des hommes , ſe plaît dans la méchanceté
du critique ; mais cette perverſité
n'eſt que momentanée ; on rit d'une
raillerie , d'une épigramme ; mais
interrogez la perſonne qui vient de
rire , il a réfléchi , l'indignation ſuc-
céde au plaiſir , il convient que
le Critique eſt un homme dange-
reux.

N'eſt-ce pas faire injure à notre
Nation , d'imaginer qu'un ouvrage
ſans malignité , ne lui plairoit point ?
N'eſt-ce pas plutôt le penchant de
l'Auteur qui cherche à ſe cacher ,
ſous celui qu'il impute au public ?

Ce n'eſt pas que je condamne
abſolument l'ironie, elle eſt ſouvent
utile , quelquefois néceſſaire ; mais

Voici, je crois, comme on devroit s'en servir.

Ariste a fait deux tragédies, elles ont eu des succès éphèméres ; enflé de ses succès, il en promet une troisiéme, il donne des régles sur un art qu'il ne connaît pas encore, il ne sçait pas assez sa langue pour écrire avec pureté, ses pensées sont mal digérées, les situations qu'il invente ne sont pas naturelles, son style est ampoulé, toujours du faux brillant ou des antithèses, jamais de sentiment, toujours de l'esprit & des maximes déplacées, cependant Ariste a de la réputation, il s'est fait des amis, il commence à parler mal de ses maîtres, de ses prédécesseurs, parce que leurs excellens ouvrages sont différens des siens, par la majesté, par la richesse des pensées, par le dialogue, par la structure ; il est à craindre que si la réputation d'Ariste augmentoit, le bon goût n'en souffrît, que le Théatre ne retombât dans la barbarie dont nos Maîtres l'avoient tiré. Ariste est un jeune homme il peut encore se corriger ; mais il a de la présomption, les éloges ne

feroient que l'augmenter, eh bien
badinés Arifte; vous rendrez fervice
àla Nation.

Erafte n'a jamais eu de génie,
il croit en avoir, le malheur plutôt
que la nature en a fait un Poëte, il
a fait des tragédies; mais elles n'ont
jamais eu de fuccès, il accufe le
goût dépravé de fon fiécle, il fe
confole fur l'eftime très-incertaine
de la poftérité, il attribue fa chûte
à fes ennemis, il lui eft flateur de
penfer qu'il en a; laiffez Erafte dans
fon illufion; n'ajoutez point à fes
autres malheurs, celui de fe voir
infulté, c'eft battre un homme fans
défenfe; fi Arifte tombe jamais dans
la difgrace d'Erafte, ne le badinez
plus, le public fera vengé.

Philaminte a des difpofitions, il
veut entrer dans la carriére, il eft
modefte, il convient de fes défauts;
il fçait que rien n'eft parfait, il vou-
droit cependant approcher de la
perfeÓtion, on pourroit le critiquer
avec juftice, tous fés talens ne font
pas encore dévelopés, encouragez
Philaminte.

Sophronime vient de donner au

public une tragédie nouvelle , fes
énnemis répandent que fon génie
s'affaiblit , que cette tragédie n'eſt
pas digne de fa réputation, on croit
qu'à fon âge , on devroit renoncer
au Théatre on l'accable de critiques paſſionnées, d'Epigrammes, de
Satyres , on ira juſqu'aux Libelles ;
vous pouvez critiquer la piéce de Sophronime ; mais n'oubliez pas que
ce même Sophronime a donné des
chefs-d'œuvres dans tous les genres ,
que c'eſt l'homme dont les talens
ont été les plus univerfels , n'imitez
pas les animaux qui attaquent le
vieux Lion de la Fable, fongez qu'on
ne doit pas prononcer hardiment
quand il s'agit d'un grand homme ,
qu'on doit toujours fe fouvenir
qu'on parle de Sophronime.

Quittons le déguifement , parlons
à découvert. M. de Voltaire vient
de nous donner la tragédie d'Electre ;
on croit y découvrir des défauts ,
on l'attaque de tous côtés ; mais
doit-on oublier qu'on parle à l'Auteur de la Henriade , d'Œdipe ,
de Zaïre , d'Alzire , de Brutus , de
Mérope , de Mahomet ? Non , me

A v

répondra-t-on, on ne l'oublie point,
c'est au contraire parce qu'on s'en
souvient, qu'il est fâché qu'on ait fait
Oreste, c'est lui qui nous a accou-
tumés à être difficiles ; mais du
moins supprimez ces railleries améres, effacez ces éloges plus picquans
encore que l'ironie, ces termes de
mépris que la politesse même doit
exclure d'un ouvrage, souvenez-
vous que vous jugez un de vos
maîtres.

A qui rendrez-vous des homma-
ges, si vous lui en refusez ? Aux
Corneilles, aux Racines, aux Cré-
billons ; Athènes leur eut élevé des
Statues, peut-être des Temples ;
mais l'admiration que vous devez à
ces grands Maîtres, ne doit pas
vous empêcher de convenir que
M. de Voltaire l'emporte sur eux.
Ne vous allarmez point, Admira-
teurs scrupuleux de l'antiquité,
mon éloge ne prouve rien, il faut
l'appuyer sur des raisonnemens ;
vous me réfuterez après, si vous le
jugez à propos ; mais il faut m'en-
tendre.

La Grece a eu son Homere, les

Romains leur Virgile , les Italiens ,
le Taffe , les Portugais , le Ca-
moëns , les Anglais , Milton , les
Efpagnols, Dom Alonzo : vous n'a-
viez que des Chapelains des Déma-
refts , M. de Voltaire vous a donné
la Henriade , il vous a vengé des re-
proches des autres Nations. Son
Poëme a été traduit en Italien , en
Allemand , en Anglais , en Hollan-
dais , on en a fait un nombre infini
d'éditions , vous le lirez toujours
avec plaifir ; on l'a critiqué , direz-
vous , & quel eft l'ouvrage qu'on
n'ait point critiqué ? Croyez-vous
qu'on n'ait point fait à Rome de
critiques contre l'Eneïde , des critiques mêmes très - juftes : Penfez-
vous que l'Anacronifme de Didon ,
n'ait pas été reproché à l'Auteur ,
par de petits Ecrivains qui vivoient
à Rome à fes dépens ? L'ouvrage
eft refté à la poftérité , on ne fe fou-
vient plus des critiques. Le nom de
Zoile , du Critique d'Homére n'eft
venu jufqu'à nous que pour nous
faire horreur.

Mais fans aller chercher dans l'antiquité, les excellentes pieces de Cor-

A vj

neille, de Racine, de Moliere, & pour
parler des Auteurs vivans, de M. de
Crebillon même, ont été critiquées ;
je serois cependant très curieux de
voir les critiques qu'on fit au tems de
Rodogune, de Phédre, du Misantrope & d'Atrée.

Pourquoi toutes ces critiques
sont-elles tombées ? ne trouve-t'on
pas encore des défauts dans ces pieces ? Oui, mais ces critiques étoient
probablement passionnées, comme
celles qu'on fait aujourd'hui, elles
ont toutes disparues. La critique du
Cid est restée ; mais il faudroit avoir
le génie des Censeurs du Cid, & sur-
tout écrire avec la même modéra-
tion.

Pour revenir à mon objet, M. de
Voltaire a donc fait un excellent ouvrage, qu'aucun de ces grands Auteurs n'avoient entrepris avant lui,
disons mieux, beaucoup d'entr'eux,
n'imaginoient pas qu'il fût possible
de faire un Poëme Epique dans notre langue

M. de Voltaire a fait des Tragédies qui nous arrachent des larmes,
le public n'est jamais las des éditions

qu'on en a faites, on accourt aux repréfentations d'Oedipe, de Zaïre,
de Merope , &c.

Il a fait du moins une Comédie,
qu'on voit avec plaifir, & qui eft
reftée au Théatre.

L.'Hiftoire de Charles XII. l'effai
fur le fiécle de Louis XIV. prouvent
qu'il . des talens fupérieurs pour
écrire l'Hiftoire qu'il a peu de rivaux
du côté de la Profe ; fes plus grands
ennemis en conviennent. Ses differ-
tations, fes préfaces mêmes, font au
tant de morceaux inftructifs, élo-
quens, tout eft précieux dans lui.

Ses pieces fugitives auroient fait
la réputation d'un Auteur, peut-être
au-deffus de Chaulieu, de Chapelle
&c.

Je demande à préfent , fi un
Auteur Grec, qui auroit été, fi vous
voulez encore que je vous l'accorde,
inférieur aux Sophocles, aux Euripides, dans la Tragédie ; qui auroit
fait cependant des pieces de Théatre toujours admirées dans Athènes,
toujours aplaudies, toujours lûes a-
vec plaifir, toujours courues aux repréfentations ; mais qui outre cette

gloire qu'il auroit partagée avec les
Sophocles & les Euripides, auroit
réunis dans lui feul les talens d'Ho‑
mére, de Pindare, de Thucidide,
d'Anacréon, ne l'auroit point em‑
porté fur ces deux grands Tragi‑
ques ? il ne faut plus qu'appliquer la
comparaifon.

Suppofons un inftant, que cette
efpece d'ouvrage abfurde que nous
appellons Opera, eut exifté dans les
beaux jours d'Athènes, & que les
Athéniens auffi indulgens que nous,
ayent admiré de la mufique faite fur
de très ‑ mauvaifes paroles, qu'ils
ayent pardonné à l'Auteur en faveur
du Muficien ; fuppofons encore que
l'Auteur dont je viens de parler, ait
voulu faire un Opera, qui n'ait pas
réuffi ; les Juges éclairés d'A héne s
auroient‑ils foufferts qu'on fît des
critiques améres contre l'Auteur de
cet Opera, qu'on le mît dans ces
critiques au niveau des Auteurs mé‑
diocres qui auroient pû réuffir dans
ce genre, & qu'on eût oublié tous les
chefs‑d'œuvres qu'il leur auroit don‑
nés, pour fe déchaîner avec fureur
co ntre un pareil ouvrage ?

Ce feroit critiquer Raphaël, parce qu'il auroit mal réuffi à peindre une enfeigne. Ses amis lui auroient confeillé de ne pas travailler dans un genre indigne de lui.

C'eft ce qui eft arrivé à M. de Voltaire quand il donna la Princeffe de Navare, tout ce qu'on pouvoit en conclure c'eft que ce genre étoit au-deffous de lui. Les Tragédies liriques du grand Corneille, comme Androméde, la Toifon d'or ne valent pas les plus mauvais Opera de Quinaut. On auroit donc pû confeiller à M. de Voltaire de ne pas travailler dans ce genre ; mais nous aurions été privés de Samfon & de Pandore.

Zaïre réunit la figure, les talens, les graces. Sa voix eft faite pour exprimer le fentiment, elle n'a qu'à paraître pour intéreffer. Les langueurs, l'ingénuité, le patétique de l'amour, tout eft fait pour elle : fâ douleur, fon expreffion, fon gefte arrachent des larmes. Voyez-là dans l'Oracle, dans le comique annobli, la variété de fon jeu vous enchante, elle eft faite également pour Moliere & pour Racine. Un Rôle d'em-

portement ne feroit point dans fon
ceractere. L'expreffion de la fureur
eft bien plus aifée que celle du
fentiment. Il eft plus facile de
peindre les trois furies, qu'une des
graces. C'eft par la pluralité des talens qu'on doit juger du mér te d'un
Auteur & de la fupériorité d'une
Actrice.

Les gémiffemens de la nature, une
Reine, une mére prête à perdre fon
fils, le cri plaintif des remords, les
fureurs d'un amour allumé par la
colére de Vénus, la majefté, la vengeance, les profondeurs de la politique, voilà ce que nous admirons
dans *Mérope:* Elle & *Zaïre* n'auront
jamais de Rivales. On pourroit peut-
être les égaler dans quelques parties;
mais il faudroit les égaler en tout.

On me reprochera peut-être de
m'être trop étendu fur l'éloge de
M. de Voltaire; mais je ne fuis pas
fâché d'avoir ofé dire la vérité, dans
un tems où tous les critiques fem-
blent fe réunir contre lui; je n'a-
jouterai qu'un mot, avec la même
fincerité, que tout ce que je viens
de due à fon fujet; c'eft que je ne

connais M. de Voltaire que par fes
ouvrages ; mais que j'ai crû devoir
à la vérité, l'hommage que je viens
de rendre à fes talens ; que je fuis
charmé même de n'avoir avec lui
aucune liaifon, pour rendre mon
éloge moins fufpect de flatterie, &
pour pouvoir avec liberté, dire ce
que j'ai toujours penfé à fon fujet.

J'avertis encore que je ne pré-
tens, pas par-là, mettre M. de Voltaire à l'abri de toute critique ; ce
feroit introduire le defpotifme dans
la littérature. Plus un Auteur a de
réputation, plus on doit être exact à
montrer fes défauts, pour ngager
ceux qui viendroient après lui, &
qui n'auroient pas fes talens, à ne
pas s'égarer en tâchant de l'imiter
en tout.

Moi-même je tâcherai de les découvrir, mais fans paffion ; mais en
oppofant fans ceffe les beautés aux
défauts, mais en examinant fi les
défauts ne font point rachetés par
les beautés : ce fera-là ma régle non-
feulement à fon égard, mais même
à l'égard de tout autre Auteur.
Quelques défauts que je pourrois

trouver dans Orefte, ne m'empê-
cheront pas de me fouvenir que je
parle d'un grand homme. Ce n'eft
point feulement de la politeffe ; il
faut des égards particuliers, quand
on fait des obfervations fur les ouvrages d'un Auteur dont la réputation eft fi bien établie. Vis-à-vis de
ceux qui courent aujourd'hui dans
la même carriere, on doit fe conten-
ter d'être jufte; vis-à-vis des répu-
tations efcroquées de ces Auteurs
qui affichent la préfomption avec
des talens qui ne font point encore
décidés, on peut fe donner un peu
plus de liberté, c'eft empêcher la
ruine du goût.

Je ne parle point des perfonnali-
tés ; elles font horreur. J'honore ou
je condamne les Auteurs que je trouve dans ma Bibliotheque, je ne pen-
fe à eux qu'en lifant leurs ouvrages.
Ce n'eft point à moi de m'informer
de leurs mœurs, de leur conduite ;
c'eft encore moins à moi d'en informer le public. L'intérêt que tout
homme de Lettres doit prendre à la
confervation des Arts, du vrai goût,
& des talens, conduira toujours ma
plume.

ARTICLE II.

Des Observations sur la Littérature moderne de M. L. D. L. P.

QUand je lis un Auteur périodique, je suis étonné qu'un seul homme ose embrasser dans ses observations tous les genres de la Littérature. Un Livre nouveau de Médecine, vient à paroître, le Journaliste en décide, il parle en Médecin. Il critique un ouvrage de Physique, de Géométrie, un morceau d'Histoire, une question de Jurisprudence ; M. Rameau nous donne une démonstration du principe de l'harmonie , le Journaliste donne son Jugement, parle en Musicien ; Voilà donc un homme tour à tour Médecin , Géométre , Phisicien , Jurisconsulte, &c. Il parlera de Théologie quand on voudra , il ne manquera pas de juger d'un ouvrage sur la peinture ; le Théatre & le Parnasse sont soumis à sa Ju-

rifdiction ; quelle étendue de lu-
mieres !

Pour moi, je conviens naturellement, qu'il m'eſt impoſſible de parler de tout. Il faut avoir un génie
univerſel pour cela ; je ne ſuis ni
Muſicien, ni Médecin, ni Peintre,
ni Géométre, je ne me haſarderai
jamais à juger des ouvrages qui ne
ſont pas de mon reſſort.

On peut juger du ſtyle, me répondra-t-on, cela eſt vrai ; mais ſouvent
un ouvrage mal écrit peut renfer-
mer d'excellens principes, il eſt inutile alors, & même pernicieux de
le décrier, il y a quantité de gens
qui n'acheteront point un bon ouvrage, ſur la foi du Journaliſte qui
prétend qu'il eſt mal écrit, & qui
n'entend point les ſujets dont il
traite.

Un ouvrage bien écrit au contraire, peut être très-mauvais ; je n'en
parlerai pas, ſi je ne ſuis d'ailleurs
inſtruit, de l'objet de l'Auteur, je
craindrois de tromper le public.

Il faudroit établir une ſociété, pour donner un Journal com-
plet. Un Phyſicien ſe borneroit

à parler des ouvrages de Phyſique ?
un Géométre de Géométrie ; un
Muſicien , de Muſique ; un Poëte ,
parleroit de ſon Art.

Rien ne fait plus de tort à un Journaliſte , que la fureur de mettre de
l'eſprit partout , de courir après un
bon mot , de placer de faux brillans
dans ſon ouvrage ; l'ignorant en eſt
la dupe , l'homme ſenſé veut des raiſonnemens.

Si je parlois du Livre intitulé ,
*Coup d'œil Anglais ſur les cérémonies
du Mariage.* Je ne commencerois
point mes réflexions par un badinage déplacé ; je ne dirois point avec
l'Auteur des Obſervations :

» Ce n'eſt point ici un *coup d'œil*
» Français, il ſeroit trop léger ; ce
» n'eſt point un *coup d'œil* Eſpa-
» gnol, il ſeroit trop grave ; ce n'eſt
» point un *coup d'œil* Allemand ;
» il ſeroit trop lent ; ce n'eſt point
» un *coup d'œil Italien* , il ſeroit
» trop ſubtil ; c'eſt un *coup d'œil*
» Anglais , un *coup d'œil* profond.
» Donnons auſſi nous-même *un coup*
» *d'œil* ; mais un *coup d'œil* Fran-
» çais , un *coup d'œil* léger ſur les

» parties de cette brochure. «

Que d'esprit prodigué mal-à-propos ! Si je parlois de quelques pieces mauvaises , que la protection a fait recevoir, & qui sont tombées aussitôt que représentées, je ne serois point cette inutile exclamation.

» Que diroit Corneille, que di-
» roit Racine , que diroit Molie-
» re , s'ils revenoient parmi nous,
» & qu'ils lussent sur nos affiches ?
» Aujourd'hui Lundi on donnera
» Mégare, & demain le Cid ; au-
» jourd'hui Mercredy on jouera
» Jeanne d'Angleterre, & demain
» Andromaque ; aujourd'hui Same-
» dy on représentera la Péruvienne,
» & demain le Misantrope. Et cela pour comparer *les organes divins*
de nos Actrices aux *voix de la Forêt
de Dodone.* » Aujourd'hui elles an-
» noncent les mystéres des Dieux,
» & demain les extravagances des
» Prêtresses. Cela n'est-il pas léger ?
M. Morand, M. de la Place, M. de
Boissy sont les victimes de ce joli
badinage ; il cite trois piéces qui sont
tombées à la premiere représenta-
tion, pour les traiter de miseres ; je

ne ferois pas fi hardi à décider. Ces
pieces peuvent avoir de grandes
beautés, on ne lès a pas affez vûes
pour en juger.

Si un Auteur avoit mis dans un de
fes ouvrages.

> Racine & l'aîné des Corneilles
> Acquirent l'immortalité.

A leurs rares talens, à leurs illuftres veilles
Le Théatre Français a dû fa majefté.

> L'un fublime, nous fait entendre
> Les plus beaux fentimens du cœur ;
> Et l'autre plus doux, plus flatteur,
> Ce que l'amour a de plus tendre.
> Voltaire, Crébillon, *Greffet,*
> Afpirant à la même gloire,
> Au bas de ce couple *parfait*

Doivent être placés au Temple de Mé-
moire.

Je n'aurois point ajouté à propos de
ces Vers :

» Je dois avertir ici que l'avant
» derniere rime n'eft pas exacte.
» Dans l'Art des Corneilles & des
» Racines, *Greffet* ne rime point du
» tout avec *parfait.* J'aurois dit fim-
plement que ce ne font point-là des
Vers.

A propos de l'art du Théatre que
M. Riccoboni a donné au public,
après le *Comédien* de M. Remond de
Sainte-Albine. Je n'aurois point per-
du deux pages pour faire cette inutile observation.

» Le Pere Catrou avoit fait une
» Histoire Romaine, M. Rollin en
» a commencé une après lui ; per-
» sonne n'y a trouvé à redire. M.
» Nicole avoit composé des essais
» de Morale ; M. l'Abbé Trublet
» s'est exercé sur le même sujet, on
» ne lui en a point fait un crime.
» Nous avions plusieurs Historiens
» de la Bible avant celle du Pere
» Berruyer ; a-t-on trouvé mauvais
» que celui-ci nous en donnât une
» nouvelle ? S'est-on plaint du Pe-
» re Daniel, lorsqu'il publia son
» Histoire de France après celle de
» Mézeray ? M. le Président Hai-
» naut devoit-il supprimer son ex-
» cellente Chronologie, parce que
» d'autres avant lui avoient fait des
» abrégés ? Nous avions un cours
» de Sciences du Pere Buffier ; M.
» l'Abbé le Batteux vient de nous
» donner un cours de Belles-Lettres
qui

» qui est la même chose, il prépare
» une Traduction nouvelle d'Ho-
» race, après celle de Tarteron, de
» Dacier, de Sanadon, personne ne
» *crie* cependant, personne ne se
» plaint, personne ne gronde. M. de
» Voltaire veut faire paraître une
» nouvelle Sémiramis, un nou-
» veau Catilina, une nouvelle Elec-
» tre, & tout Paris en murmure.
» Quelle loi émanée du Parnasse
» lui défend donc, à lui seul, de
» marcher sur les traces de ceux
» qui l'ont précédé ? Quoi le plus
» grand homme de la Littérature ne
» jouira pas d'un avantage qu'on ne
» refuse pas aux plus *petits Ecri-*
» *vains !* . . . C'est pour cela que je
» n'examinerai point pourquoi M.
» *Riccoboni* nous a donné l'Art du
» Théatre, malgré tout ce que M.
» *Rémond de Sainte-Albine* en avoit
» dit dans son Comédien.

En vérité, combien d'érudition pro-
diguée ! qu'avoit à faire M. Nicole,
la Bible du Pere Berruyer, M. de
Voltaire, dans des observations sur
une petite brochure. M. Riccoboni a fait un Art du Théatre après le

B

A B

Contraste insuffisant

NF Z 43-120-14

Comédien de M. Rémond : donc il
faut faire deux pages de tous les
Auteurs qui ont écrit sur les mêmes
sujets, les uns avant les autres, parler de *la Bible*, de l'Histoire, de la
Chronologie, d'Horace, de M. de
Voltaire, des *Essais de Morale*, quelle
étrange liaison ! quelle envie de
briller !

M. Dulard de Marseille a fait un
Poëme intitulé, la Grandeur de
Dieu dans les merveilles de la nature. Ce Poëme assurément n'est pas
bon ; mais parce que l'Auteur est
de Marseille, M. L. D. L. P.
ajoute dans ses observations que ce
Poëme est froid, qu'il dément assurément le lieu de son origine, & le
climat où il a pris naissance, que
c'est de *la glace faite au feu*. Que
cela est brillant ! quel sosphore d'i-
magination !

M. le Président de Montesquieux
dit dans la Préface de l'Esprit des
Loix, » que bien des vérités ne se
» feront sentir dans son ouvrage,
» qu'après qu'on aura vû la chaîne
» qui les lie à d'autres.

L'Observateur convient » qu'il

» a été assez malheureux pour ne
» point voir de chaîne, qu'il n'a ap-
» perçu dans l'Esprit des Loix que
» de petits anneaux, les uns d'or, les
» autres de diamans, & de pierres
» les plus précieuses ; mais enfin
» qu'il n'a vû que des anneaux déta-
» chés qui ne forment point de chaî-
» nes.

En vérité cela est trop joli !

M. de Voltaire a fait paraître l'ombre de Ninus dans Sémiramis ; l'Observateur dit à propos de cette ombre, qu'on a été d'autant plus surpris de la voir venir, qu'on n'a jamais soupçonné M. de Voltaire de croire aux Revenans. Voilà une ombre bien critiquée.

Tout ce que je viens de dire ici, est plus lié à mon plan, qu'on ne le soupçonneroit d'abord. Je veux montrer les défauts du Censeur pour les éviter. Ne seroit-ce pas pour de pareilles raisons, que la plûpart des Critiques ne passent point à la postérité ?

Un autre défaut assez ordinaire dans toutes les critiques, & qui, selon moi, leur fait beaucoup de tort, c'est la maniere basse & commune dont la plûpart font l'exposition d'une Tragédie. Le beau talent que celui de parodier ! c'est former avec du limon la ressemblance d'une statue d'or : a-t-on jamais exposé le sujet d'une Tragédie, comme l'Observateur expose celui de Sémiramis ?

» Sémiramis après plus de quin-
» ze ans de tranquillité dans le cri-
» me, *s'avise* enfin fur *ses vieux jours*
» de devenir *dévote* & *scrupuleuse*. El-
» le parle de ces remords à tous ceux
» qu'elle rencontre, elle entretient
» tout le monde de *ses peines de*
» *conscience*.

Faut-il défigurer ainsi un sujet par des expressions triviales ? De pareilles critiques méritent-elles de survivre à leurs Auteurs.

Si quelqu'un en exposant le beau sujet de Phédre, se servoit de pareils termes :

» Phédre est *amoureuse à la rage*
d'un *certain* Hippolyte &c.

Que penseroit-on de l'Auteur ? il n'y a rien de grand dans le monde, sur quoi la parodie ne puisse por-

porter des idées communes.

Ces furies domestiques qui s'attachent *tôt ou tard* aux impies, les remords qu'il est si naturel d'éprouver, seront appellés bassement *des peines de conscience*. Une Reine se répent d'un grand crime, *elle devient dévote*. Elle confie ses douleurs à ceux qui peuvent la consoler ; c'est ce qu'on appelle *parler de ses chagrins à tous ceux qu'elle rencontre*. Cela est-il plaisant ?

Je ne finirois jamais, si je voulois rapporter tous les exemples pareils à ceux que je viens de citer. Est-ce là l'aiguillon délicat de la Critique ?

Nous avons un Auteur qui travaille à des ouvrages périodiques ; il a tous les talens nécessaires pour fournir à cette pénible carriere. Ceux qui voudront voir l'opposition d'un badinage délicat, au badinage trivial que je viens de citer, n'ont qu'à lire les feuilles de M. F... c'est un pareil ouvrage qui peut être utile au public, l'instruire & l'amuser. L'élegance, la pureté du langage, les raisonnemens, le plaisant quand il est nécessaire, les saillies, tout s'y fait remarquer.

S'il arrive que je lui fois oppofé dans mes réflexions, c'eft que l'homme le plus éclairé peut fe tromper quelquefois , c'eft que chacun eft libre de penfer, qu'il eft permis de défendre fon opinion ; & que ces contradictions littéraires, loin de nuire au progrès des Arts, ne fervent qu'à applanir la carriere à ceux qui veulent s'y diftinguer. Je ne ferois aucune difficulté de me rétracter, fi l'on me prouvoit que j'euffe avancé un paradoxe.

ARTICLE III.

De l'Efprit des Loix.

» QUe fignifie ce titre, *l'Efprit*
» *des Loix*? demande l'Obfer-
» vateur. M. de Montefquieux ap-
» pelle les Loix des *rapports nécef-*
» *faires qui dérivent de la nature des*
» *chofes.* L'Efprit des Loix eft donc
» l'efprit de ces rapports, c'eft-à-
» dire l'efprit de l'efprit. Cela eft-il
» bien clair?

Au lieu de faire cette exclamation, il falloit tâcher d'approfondir
cet excellent livre, & de juger après
du rapport qu'il doit avoir avec son
titre.

Il ne falloit pas donner une inter-
prétation ridicule, comme celle
qu'on vient de voir, c'est le faire un
fantôme pour le combattre, se faire
une difficulté où il n'y en a point,
pour faire cette interrogation, » *cela*
» *est-il bien clair ?*

Je n'ose pas me flater d'avoir sai-
si toujours l'idée de M. de Montesquieux. Ce n'est point l'ouvrage
d'un moment, que d'approfondir
un livre souvent abstrait, un livre
de longue haleine, le rapport d'une
proposition à une autre, d'un principe à une conséquence éloignée, &
je ne me vante pas de la rapidité de
l'Observateur.

Que signifie l'Esprit des Loix ? Je
crois que voici l'idée de l'Auteur :
c'est le rapport qu'il y a entre la Loi
& les Peuples, les Climats, les gouvernemens, les Religions même où
elle a été portée. C'est aussi le rapport des Loix avec l'intention du
Législateur.   B iiij

L'Observateur semble d'abord convenir de cette derniere définition, après avoir tâché de répandre de l'obscurité sur une idée aussi nette, aussi claire, aussi précise ; & voici ce qu'il ajoute.

» C'est proprement là ce que pa-
» raît annoncer d'abord le titre de
» l'ouvrage; mais ce n'est pas tout-à-
» fait ce qu'il contient, ni ce que l'Au-
» teur lui-même a entendu. C'est un
» ordre de réflexions sur la constitu-
» tion des Etats sur leur nature, leurs
» principes, leurs mœurs, leurs cli-
» mats, leur étendue, leur puissance
» &c. On y parle en particulier de
» chaque sorte de gouvernement, de
» ce qui en forme le caractére, des ré-
» compenses qu'on y propose, des
» peines qu'on y décerne, des vertus
» qu'on y pratique, des fautes qu'on
» y commet de l'éducation &c. On
» y compare le commerce d'un
» peuple avec celui d'un autre, ce-
» lui des anciens avec celui d'aujour-
» d'hui &c.

Il conclut de tout cela qu'un pareil ouvrage ne devoit pas s'appel-
ler l'Esprit des Loix. Cette conséquence est absurde ; c'est au con-

traire parce que l'Auteur traite de
tous ces sujets, que son livre a dû
être intitulé l'Esprit des Loix, que
c'est même le seul titre qui lui con-
vienne.

L'Auteur n'a pas pû parler du
rapport qu'il y a entre les Loix, &
les Peuples, les Climats, les Gouvernemens, les Religions, où elles
ont été portées : en un mot, traiter
l'Esprit des Loix, sans parler de la
nature des Gouvernemens, des Climats, du caractère des Nations chez
qui elles ont été données. C'est au
contraire parce que M. de Montesquieux a parlé de tout cela, qu'il a
été en droit d'intituler son ouvrage,
l'Esprit des Loix. Sans cela le titre
n'eût pas été convenable. Ce sont
des principes d'où il tire l'Esprit des
Loix de chaque Nation ; l'Observateur pouvoit donc se dispenser de
remplir trois pages, sur cette inutile dissertation.

L'Observateur continue..., *bien*
des gens regardent ce Livre comme
le meilleur qui ait paru depuis long-
tems. Je crois que c'est le plus cu-
rieux, le plus étendu, le plus inté-
B v

reſſant , mais ce n'eſt pas le mieuꝫ
fait.

L'Obſervateur a oüi dire un mot
qu'on a attribué à un homme cé-
lebre , que *que c'étoit le porte - feuille*
d'un homme d'eſprit ramaſſé par un
écolier. Le Sage Auteur de l'Eſprit
des Loix n'imagine pas que ſon ouvrage ſoit ſans défauts. Le meilleur
ouvrage ſent toujours l'homme.

Le ſuffrage de l'Obſervateur n'in-
téreſſera pas M. de Monteſquieux,
la réputation de ſon ouvrage eſt
faite. De pareils livres ſont la lime
d'acier pour les critiques.

» On ſouhaiteroit , ajoute l'Ob-
» ſervateur , qu'il y eût plus de
» choix dans les matiéres, de mé-
» thode dans la diſtribution , de net-
» teté dans le ſtyle , de clarté dans
» les penſées, de juſteſſe dans le
» raiſonnement, moins de liberté,
» de paradoxes, de longueurs &c.
Enfin , pourſuit l'Obſervateur, M.
de Monteſquieux » a imaginé un
» très-bon Livre qu'il a mal exé-
» cuté. Je vais tâcher de mettre dans
» cet extrait, un peu plus d'ordre
» qu'il n'y en a dans tout le Livre,

L'Auteur du *Voyage au séjour
des Ombres* , veut tailler la plume
de M. de Montesquieux, du célebre
Auteur des Lettres Persannes, des
causes de la décadence de l'Empire
Romain, du Chantre des plaisirs de
Gnide! Il se flate de mettre plus
d'ordre dans son extrait, que M. de
Montesquieux n'en a mis dans son
ouvrage.

La méthode dont l'Auteur de
l'Esprit des Loix s'est servi, est très-
bien ordonnée. Il a cherché à mé-
nager l'attention de ses Lecteurs.
Tout paraît immense aux yeux d'un
Nain. Cinq cent quatre vingt-treize
Chapitres révoltent l'Observateur.
Ce n'est point le nombre, c'est la
longueur des Chapitres qui révol-
te. La plûpart de ces Chapitres sont
extrêmement courts, ils ne renfer-
ment souvent qu'un seul principe ,
d'autres ne contiennent qu'une con-
clusion. On pourroit les réunir ;
mais l'attention seroit plus fatiguée.

Qui croiroit que l'Observateur
qui annonce un extrait plus clair
que tout l'ouvrage, qui n'y voit que
des anneaux sans appercevoir la chaî-

ne qui les unit, ne parle cependant
que des fix premiers Chapitres du
troifiéme Volume ? Eft - ce ainfi
qu'on doit juger d'un pareil ouvrage?

Manquer de bonne foi, rapporter infidélement les paffages d'un
Auteur , les altérer , n'en citer
qu'une partie pour attribuer au Livre des fentimens qui n'y font point ;
citer une propofition , la réfuter ,
fans annoncer que l'Auteur la réfute
lui-même ; voilà , je crois , la plus
grande infidélité dont on puiffe ac-
cufer un Critique ; c'eft imiter la
mauvaife foi de certains Obferva-
teurs , qui dans les tems de téné-
bres , cherchoient à détruire leurs
concurrens , en accufant leurs ouvrages d'héréfie.

Il n'y a point d'Auteur qui foit à
l'abri de ces imputations odieufes,
fi la critique abufe d'une pareille méthode. C'eft ainfi que le Gazetier
Eccléfiaftique a voulu faire penfer
M. de Montefquieux. Les efprits
faibles pouvoient être la dupe du
Théologien , la réponfe de l'Auteur
eft un préfervatif pour eux.

Examinons l'Obfervateur. » M.

» Bayle a prétendu prouver, dit M.
» de Montesquieux, qu'il valloit
» mieux être athée qu'idolâre.
(On trouve ce sistème de Bayle
dans ses pensées sur la cométe, on
le trouve aussi dans son Diction-
naire.)

M. de Montesquieux réfute ce
paradoxe. L'Observateur ne le con-
tredit point sur cet article. Je crois
cependant que M. de Montesquieux
s'est trompé. Un seul Chapitre ne
suffisoit point pour réfuter cette o-
pinion de Bayle. Je ne la regarde
pas comme un paradoxe. La preu-
ve la plus foible, dont Bayle a ap-
puyé son sentiment, est précisé-
ment celle que M. de Montesquieux
attaque dans ce Chapitre.

Un hómme du génie de M. de
Montesquieux, peut bien contre-
balancer l'autorité de Bayle. Je ne
doute pas que s'il avoit voulu faire
un Ouvrage exprès, pour combattre cette opinion dans les régles,
il n'eût donné de très-bonnes
raisons; mais en attendant, je crois
pouvoir toujours me ranger du côté de Bayle. L'Observateur qui veut

critiquer l'Esprit des Loix n'a pas
fait cette remarque.

L'Observateur après avoir exposé
le sentiment de M. de Montesquieux
contre l'opinion de Bayle, ajoute :
» Ce n'est pas seulement en ce qui
» concerne l'utilité d'une Religion,
» que l'Auteur de l'Esprit des Loix
» combat cette opinion de Bayle ; il
» le réfute encore en parlant de
» l'espéce de Gouvernement qui
» convient mieux à la Religion
» Chrétienne. Bayle avoit osé avan-
» cer que de véritables Chrétiens ne
» formeroient jamais un état qui
» pût subsister ; & il alleguoit pour
» cela l'ordre de l'Evangile, de pré-
» senter l'autre joue quand on re-
» çoit un soufflet, de quitter le
» monde, de se retirer dans les
» déserts &c.

J'ajoute après l'Observateur, de
regarder cette vie comme un passa-
ge où rien ne nous doit arrêter,
de veiller, de prier sans cesse, de
regarder les richesses comme per-
nicieuses, de souhaiter la mort comme la fin d'un exil, de regarder le
célibat comme une perfection, com-

me un moyen de plaire à J. C. &c.

Voilà fur quoi M. Bayle fonde
fon opinion.

» Il eft étonnant, dit M. de
» Montefquieux, que Bayle n'ait
» pas fçû diftinguer les préceptes
» de l'Évangile, d'avec fes Con-
» feils. Lorfque le Légiflateur au
» lieu de donner des Loix, a don-
» né des Confeils ; c'eft qu'il a
» vû que fes Confeils, s'ils étoient
» ordonnés comme des Loix, fe-
» roient contraires à l'efprit de fes
» Loix.

L'Obfervateur trouve la penfée
de M. de Montefquieux très-obfcu-
re, il ne dit pas un mot fur cette
opinion de Bayle, & fur la maniere
dont M. de Montefquieux l'a réfutée. L'Obfervateur a tort des deux
côtés. Il ne devoit pas trouver d'obf-
curité dans la penfée de M. de Montefquieux ; il devoit parler de la
maniere dont il réfute l'opinion de
Bayle.

Voici le raifonnement de l'Auteur de l'Efprit des Loix.

» Pourquoi les Chrétiens ne for-
meroient-ils pas un état qui pût fub-

» fister ? Ce feroient des Citoyens
» infiniment éclairés fur leurs de-
» voirs, & qui auroient un très-
» grand zele pour les remplir ; ils
» fentiroient très-bien les droits de
» la défenfe naturelle ; plus ils croi-
» roient devoir à la Religion , plus
» ils penferoient devoir à la Patrie.
» Les principes du Chriftianifme
» bien gravés dans le cœur , feroient
» infiniment plus forts que ce faux
» honneur des Monarchies, ces ver-
» tus humaines des Républiques ,
» & cette crainte fervile des Etats
» defpotiques.

» Il eft étonnant que M. Bayle n'ait
» pas fçû diftinguer les Préceptes de
» l'Evangile d'avec fes Confeils &c.

Je ne crois pas l'opinion de Bayle réfutée. Il prétend qu'une fociété
de *vrais* Chrétiens ne fubfifteroit
pas. Un vrai Chrétien n'eft pas celui qui fe contente d'accomplir les
Préceptes , c'eft celui qui pratique
les Confeils de l'Evangile.

M. de Montefquieux prétend que
Bayle confond les Confeils avec les
Préceptes ; Bayle répondroit à M.
de Montefquieux que c'eft lui qui

eonfond les Préceptes avec les Confeils.

Le Domeftique qui n'a fait que
fon devoir, n'eft pas en droit d'exi-
ger de récompenfe, dit Jefus-Chrift.
Voilà donc le vrai Chrétien obligé de
ne pas fe borner aux Préceptes. Il eft
donc obligé à la pratique des Confeils. Pour mettre ma penfée au jour,
les Confeils d'un Dieu font des Préceptes pour le vrai Chrétien.

Le Légiflateur a expliqué fon intention ; il y a une Loi qui oblige
les Chrétiens à tendre continuellement à la perfection. Soyez parfaits,
dit Jefus-Chrift, comme mon Pere
qui eft dans les Cieux. C'eft-là le
fouhait d'un Dieu pour fa créature ;
ce n'eft point un Précepte qu'on
doive prendre à la lettre, il n'auroit
point eu d'égard à la foibleffe de
l'humanité ; mais du moins le mo-
déle même qu'il nous propofe, annonce l'intention du Légiflateur ; il
faut pour s'y conformer, tendre à
la perfection. Le vrai Chrétien eft
celui qui règle fa conduite fur l'intention du Légiflateur.

Si un Dieu Légiflateur a fait con-

naître aux hommes des moyens de
lui être agréables ; s'il ne s'eſt pas
contenté de leur donner des régies
pour le bien. mais pour le meilleur ;
s'il a marqué de la prédilection pour
certaines vertus , c'eſt un devoir
pour les hommes de tâcher de mériter cette prédilection , il s'agit de
mériter l'amour d'un Dieu : c'eſt un
précepte pour un vrai Chrétien.

De pluſieurs lignes qui aboutiſ-
ſent au ciel, le vrai Chrétien eſt o-
bligé de choiſir la directe.

Il ne doit y avoir entre les Chrétiens qu'une émulation courageuſe ,
à qui ſe rendra plus digne de l'amour
de ſon Maître.

Si le Légiſlateur n'eût point voulu
qu'on pratiquât ce qu'on appelle conſeils , il ne les eût point recomman-
dés auſſi fortement que les Préceptes.

Un Dieu a témoigné que le célibat lui plaiſoit plus que le mariage ;
que le mariage eſt un bien , mais
que le célibat eſt une perfection ; le
devoir d'un fils n'eſt pas ſeulement
d'obéïr quand ſon pere commande ;
mais même de chercher ce qui peut
lui plaire , de le prévenir ſouvent ,

de fuivre fes confeils, fes avis, fes inftructions, à plus forte raifon c'eft le devoir d'un Chrétien vis-à-vis de fon Dieu. Le Pere peut fe tromper, Dieu ne fe trompe jamais.

Un efclave qui n'obéit qu'aux Commandemens, eft un mauvais efclave : Voilà ce que diroit un zelé Chrétien d'un Chrétien relàché.

L'humilité, l'abnégation de foi-même, le mépris des richeffes, le pardon des injures, l'amitié pour fes ennemis, le défir des biens céleftes, le détachement de tous les objets charnels, ne font point des Confeils : c'eft l'effence du Chriftianifme, ou l'Evangile feroit faux.

C'eft d'une fociété de Chrétiens qui pratiqueroit toutes ces vertus, que Bayle a voulu parler ; c'eft celle-là qui pourroit ne pas fubfifter longtems.

Le mépris des richeffes entraîneroit la ruine du commerce.

Si le reffentiment eft défendu, plus d'outrages fans pardon, plus de vengeance, plus de guerre.

Si rien ne doit nous attacher fur la terre, nous ne devons penfer qu'à

la fin de notre exil , pratiquer tout
ce qui peut nous conduire le plus
rapidement à la terre promife , ne
fonger qu'au terme du voyage, veiller , prier continuellement.

Si celui qui ne fait qu'obéir doit
trembler , le vrai Chrétien doit
chercher dans les avis du Légiflateur les moyens qui le conduiront
plus infailliblement à fon terme.

La continence , le célibat eft une
vertu favorite de fon Maître , il ne
fe mariera point , la fociété tombe.

S'il eft plus difficile à un riche de
fe fauver , *qu'à un chameau de paffer
par le trou d'une aiguille* , les richeffes font un mal , un fardeau ; un
pere n'en amaffera point pour fon
fils. Il craindroit d lui laiffer un hé-
ritage pernicieux.

S'il faut aimer fes ennemis comme *foi-même* , à peine pourra-t-on
fe permettre la défenfe naturelle.

L'Evangile ordonne d'obéir aux
Rois , mais il défend de leur obéir
dans des chofes injuftes. Chaque
Chrétien fera en droit d'examiner fi
la querelle de fon Roy eft jufte ou
injufte avant d'aller *tuer fon pro-*

chain dans un combat , cela condui‑
roit à l'anarchie , par conféquent à
l'anéantiſſement de la ſociété.

Le vrai Chrétien n'auroit point
d'ennemis. Si on lui enleve ſes ri‑
cheſſes ; c'eſt un ſervice qu'on lui
rend ; les pauvres ſont privilégiés
pour le Paradis. Si on lui ôte la vie,
il a ſouhaité cent fois de mourir ,
pour ſe réunir à ſon Créateur , il a
prié Dieu d'abréger ſon exil. Celui
qui le tue peut avoir une mauvaiſe
intention , il la lui pardonne. C'eſt
par les mains du meurtrier que Dieu
l'attire à lui.

Il paraît ſi vrai que ce ſeroit‑là l'Eſ‑
prit des vrais Chrétiens, qu'au tems
des perſécutions , ils s'offroient vo‑
lontairement à la mort, qu'ils cou‑
roient avec ardeur au martyre : Nos
Martyrologes ſont remplis de quan‑
tité de Saints pareils à Polieucte,

POLIEUCTE.
Où me conduiſez-vous ?
FELIX.
A la mort.
POLIEUCTE.
A la Gloire.

Et qu'on ne m'objecte point que
l'Eglise même a condamné ce zéle
ardent de certains Martyrs. Pre-
miérement elle n'a pas laissé de ca-
noniler quantité de ces Martyrs;
secondement elle n'a pas condamné
le motif qui les faisoit courir à la
mort, elle craignoit seulement que
des Chrétiens faibles qui bravoient
le péril de loin, ne s'intimidassent à
la vûe des bourreaux, après même
qu'ils se seroient exposés, & qu'ils
ne changeassent de Culte, voyant
l'appareil du supplice. Leur aposta-
sie auroit été un scandale pour les
autres Chrétiens, & un triomphe
pour les Idolâtres. L'Eglise a condamné l'abus, elle n'a pas condamné le principe.

Enfin si un Grand de la terre nous
proposoit une récompense, nous
ferions tous nos efforts pour lui plaire, nous suivrions exactement tous
les conseils qui pourroient nous conduire plus directement à sa faveur,
à plus forte raison des Chrétiens à
qui un Dieu lui-même, donneroit
des Conseils pour arriver plus rapidement au bonheur, se croiront

obligés de les fuivre. *Ils craindront toujours de ne pas en avoir affez fait.*

Un Légiſlateur donne une Loi & un conſeil à deux de ſes Courtiſans, celui qui aura ſuivi la Loi, ſera toujours le favori de ſon Maître ; *mais il pourra tomber plus aiſément dans ſa diſgrace ;* celui qui aura obéï à la Loi en ſuivant le Conſeil, lui plaira d'avantage. Il n'y a pas à balancer.

Si je n'obéïs qu'au précepte, diroit un vrai Chrétien, je pourrois me ſauver, mais plus difficilement qu'en ſuivant le conſeil; Dieu qui verroit mon zéle, m'accorderoit de plus grandes graces : mon ſalut eſt une affaire trop importante pour rien omettre, le Conſeil eſt un ordre pour moi. Tout ce qu'*un Dieu* conſeille, doit étre un ordre pour la créature.

Mais, dira-t-on, l'Egliſe elle-méme a diſtingué les Conſeils d'avec les Préceptes; oui, mais en ſouhaitant toujours qu'on fît tous ſes efforts pour ſuivre les Conſeils. D'ailleurs l'Egliſe a plutôt interprèté les Conſeils de l'Evangile, qu'elle ne les a diſtingué des préceptes.

Si votre œil vous ſcandaliſe, ar-

rachez-le, dit le Légiflateur : voilà
un Confeil. L'Eglife vous ordonne
d'en prendre la fubftance, mais elle
vous avertit de ne pas prendre *à la
lettre* une expreflion figurée.

*Beati qui fe caftraverunt propter
Deum*, dit l'Ecriture, n'allez pas
cependant vous mutiler, comme
Origene.

On interprête le Confeil, la Loi
n'eft pas abrogée.

Voilà le fentiment de M. Bayle.
Je n'ai rien dit de moi-même, dans
cet article. Je ne l'ai peut-être pas
encore exprimé avec autant d'ordre
que lui, & furtout avec autant de
force. Je laifle à juger au public fi
M. de Montefquieux l'a réfuté.

Que faut-il conclure de tout cela?
que la Religion Chrétienne n'eft
pas propre à la fociété ? Non. Qu'u-
ne fociété de *parfaits Chrétiens* ne
fubfifteroit pas long-tems ? Je crois
qu'oui. Et c'eft ce que M. Bayle
prétend.

La Religion Chrétienne êft plus
propre qu'aucune autre à entrete-
nir la fociété. Je n'ajouterai aux raifons que M. de Montefquieux en
donne

tonne dans les paroles que j'ai déja citées, que ce qu'il ajoute en trai-
tant le même sujet dans un nouveau
Chapitre ; c'est une plume d'or.

» La Religion chez les Chrétiens
» rend les Princes moins timides,
» & par conféquent moins cruels.
» Le Prince compte sur ses Sujets,
» & les Sujets sur le Prince. Chose
» admirable ! La Religion Chré-
» tienne, qui ne semble avoir d'ob-
» jet que la félicité de l'autre vie,
» fait encore notre bonheur dans
» celle-ci.

La Morale de Jesus-Christ est la
seule compatible avec l'ordre, avec
la société. Si on suivoit les Conseils à la lettre, la société ne
sufisteroit point ; mais Dieu pré-
voyoit qu'on ne les suivroit pas. Le
Législateur sçavoit qu'on se relâ-
cheroit toujours assez ; il propose
toujours un but plus élevé, quoi-
qu'il sçache qu'on n'y pourra pas at-
teindre. Il ordonne en Dieu ; mais
il n'oublie pas qu'il parle à des hommes. Une société de parfaits Chrétiens ne seroit pas faite pour subsi-

Tome I.   C

ster sur la terre. Le Ciel devroit être
sa patrie.

Cela ne prouve rien contre la
Religion, cela prouve seulement
qu'une Religion toute divine ne
pouvoit pas être pratiquée à la ri-
gueur, par des créatures imparfaites.
L'impuissance où sont les hommes
de l'accomplir *en tout*, prouve son
excellence, & la divinité de son Auteur.

*Le Législateur ordonne à ses su-
jets d'être parfaits, pour les engager
à devenir moins imparfaits.* Il parle
en Créateur & l'homme exécute en
créature.

Bayle n'étoit point assez déraison-
nable pour penser qu'une société de
Chrétiens ne pourroit pas subsister ;
il avoit devant les yeux quantité de
Royaumes Chrétiens qui subsistent
depuis très-long-tems Il ne parloit
pas des Chrétiens tels qu'ils sont ;
mais des Chrétiens tels qu'ils de-
vroient être.

N'y auroit-il qu'une dispute de
mots entre lui & M. de Montesquieux ?

Loin que la morale du Chriſ-
tianiſme ſoit contraire à la ſociété,
je conviens avec M. de Monteſquieux
que les Rois & les peuples de l'Europe ſont infiniment plus heureux,
que les Rois & les Peuples de
l'Aſie.

La penſée de M. de Monteſquieux
que l'Obſervateur trouve obſcure, &
que j'ai rapportée plus haut, ne l'eſt
point du tout.

» Si les conſeils de J. C. étoient
» ordonnés comme des loix, ils
» ſeroient contraires à l'eſprit de
» ſes loix.

L'intention du Légiſlateur eſt que
ſes loix ſoient obſervées; l'impoſſi-
bilité où ſont les hommes de pratiquer des conſeils qui auroient été
ordonnés comme des préceptes, les
eût révoltés contre l'intention du
Légiſlateur. Par conſéquent rien
n'eût été plus contraire à l'eſprit de
ſes loix.

Ou plutôt ſi l'Obſervateur eût
continué de lire, il auroit vû que
M. de Monteſquieux lui-même ex-
plique ſa penſée. » Les loix humai-
» maines, dit cet Auteur, faites

» pour parler à l'esprit , doivent
» donner des préceptes & point de
» conseils. La Religion faite pour
» parler au cœur, doit donner beau-
» coup de conseils , & peu de pré-
» ceptes·

» Quand , par exemple, elle donne
» des régles , non pas pour le bien,
» mais pour le meilleur; non pas
» pour ce qui est bon , mais pour ce
» qui est parfait, il est convenable
» que ce soient des conseils & non
» pas des loix : *car la perfection ne*
» *regarde pas l'universalité des hom-*
» *mes , &c.*

» Deux Religions partagent pres-
» que aujourd'hui le monde entier,
» *continue l'Observateur,* après M.
» de Montesquieux , la Chrétienne
» & la Mahométane. La premiére
» a un caractére de douceur qui en
» éloigne le gouvernement despoti-
» que. La seconde qui ne parle que
» de glaive , s'accorde parfaitement
» avec le pouvoir arbitraire.

» La Religion Chrétienne est di-
» visée en plusieurs partis : les prin-
» cipaux sont les Catholiques& les
» Protestans. Les Catholiques, dit

» M: de Montefquieux, s'accom-
» modent mieux de l'état Monar-
» chique; le gouvernèment Répu-
» blicain convient d'avantage à la
» Religion Proteftante. Mais je de-
» mande fur quoi tout cela eft
» fondé . . . Quelles font les preu-
» ves que l'Auteur apporte pour
» établir fon fentiment ? C'eft ,
» dit-il , que les peuples du Nord
» fe font faits Proteftans , que ceux
» du Midy font reftés Catholiques ,
» & que Calvin a eu pour lui la
» République des Suiffes. Quelles
« raifons ! Si Luther eût débité fes
» erreurs en Efpagne , & que l'In-
» quifition n'y eût pas été établie ;
» l'Efpagne & l'Italie feroient Pro-
» teftantes aujourd'hui , comme la
» Saxe & le Brandebourg. Calvin
» s'eft refugié en Suiffe ; la Suiffe
» eft devenue Calvinifte , cela eft
» tout fimple , & la même chofe eût
» fort bien pû arriver , quand même
» les Cantons euffent formé un Etat
» Monarchique. Pourquoi-non ? La
» Suéde, le Danenmark, l'Angleterre
» &c. ne formoient-ils pas des Répu-
» publiques lorfqu'ils ont embraffé

» les nouvelles opinions , & depuis
» ont-ils cessé d'être gouvernés par
» des Souverains. D'ailleurs les Ré-
» publiques de Venise , de Gênes,
» de Lucques , de Raguse , de Saint
» Marin , &c. ne se sont-elles pas
» toujours accommodées de la Re-
» ligion Catholique ? . . . C'est là ce-
» pendant le raisonnement de M.
» de Montesquieux.

C'est un des raisonnemens ; mais
ce n'est pas le seul raisonnement
de l'Auteur qui a très-bien prouvé
son opinion.

Si l'Observateur avoit consulté ce
que M. de Montesquieux dit dans
son premier volume, des Républiques de Gênes , de Venise, de Lucques , de Raguse , il n'eut pas fait
cette inutile objection. Il ne faut pas
quand on parle du troisiéme volume d'un Ouvrage , oublier tout
ce qui a été dit dans le premier.
Ce n'est pas le moyen d'appercevoir
la chaîne,

Voici les raisons de l'Auteur. Les
» peuples du Nord ont & auront
» toûjours un esprit d'indépendance
» & de liberté que n'ont pas les peu-

» ples du Midy. Une Religion qui
» n'a pas de chef visible , convient
» mieux à l'indépendance du climat
» que celle qui en a un.

» Dans les pays où la Religion
» Proteftante s'établit , les révolu-
» tions fe firent fur le plan de l'état
» politique. Luther ayant pour lui
» de grands Princes, n'auroit pû
» leur faire gouter une autorité Ec-
» cléfiaftique qui n'auroit point eû
» de prééminence extérieure. Calvin
» ayant pour lui des peuples qui
» vivoient dans des Républiques , ou
» des Bourgeois obfcurcis dans des
» Monarchies , pouvoit fort bien ne
» pas établir des prééminences &
» des dignités.

Voilà pourquoi Luther & Calvin
n'auroient pas réuffi en Italie , ni
en Efpagne. Luther combattoit le
pouvoir des Eccléfiaftiques , & leur
laiffoit par politique des dignités &
desprééminences. La Cour de Rome,
l'Italie, l'Efpagne, où le Clergé a
tant de pouvoir , *pouvoir lié avec la
conftitution de ces différens Etats*, ne
fe feroient pas accommodés d'une
Religion qui anéantiffoit les préro-

gatives les plus essentielles du Clergé.
L'Allemagne accoutumée à voir ses
Empereurs en contestation avec le
Pape , étoit un champ plus heureux
pour Luther.

Calvin qui anéantissoit tout , &
prééminence , & dignités , & pouvoir , n'auroit pas fait un prosélite.
On sçait qu'il se retira à Ferrare ,
qu'il en fut chassé , qu'il porta ses
erreurs dans la Suisse ; c'est-là qu'il
devoit réussir.

La même raison qui fit triompher
le Calvinisme , chez les Suisses , le
fit recevoir depuis en Hollande. C'est
une raison tirée dela constitution du
gouvernement qui s'y établissoit ,
& du climat. Voyons ce que dit à
ce sujet un célébre Auteur.

Ce petit Etat des sept Provinces
» unies, pays stérile, mal sain &
» presque submergé par la mer ,
» étoit depuis environ un demi siécle,
» un exemple presque unique sur la
» terre de ce que peuvent l'amour de
» la liberté , & le travail infati-
» gable . . . . . . A peine vainqueurs
» de leurs maîtres ils établirent une
» forme de gouvernement , qui con-

(57)

» ferve autant qu'il eft poſſible,
» l'égalité, le droit le plus naturel
» des hommes. La douceur de ce
» gouvernement & la tolérance de
» toutes les maniéres d'adorer Dieu,
» dangereuſe peut-être ailleurs; *mais
» la néceſſaire*, peuplérent la Hol-
» lande d'une foule d'étrangers,
» & ſur tout de Wallons, que l'In-
» quiſition perſécutoit dans leur
» patrie, & qui d'eſclaves devinrent
» Citoyens. La Religion Calviniſte
» ſervit encore à ſa puiſſance. Ce
» pays *alors ſi pauvre* n'auroit pû ni
» ſuffire à la magnificence des Pré-
» lats, ni nourrir des Ordres Ré-
» ligieux, & cette terre où il falloit
» des hommes, ne pouvoit admettre
» ceux qui s'engagent par ſerment
» à laiſſer périr, autant qu'il eſt en
» eux, l'eſpéce humaine. On avoit
» l'exemple de l'Angleterre, qui étoit
» d'un tiers plus peuplée, depuis
» que les Miniſtres des Autels,
» jouiſſoient de la douceur du ma-
» riage, & que les eſpérances
» des familles n'étoient plus en-
» ſevelies dans le célibat du Cloî-
» tre.

C v

Autre raison de M. de Montefquieux dont l'Observateur n'a point
parlé. » Dans les pays qui se main-
» tiennent par le commerce ; le
» nombre des fêtes doit être relatif
» à ce commerce même. Les pays
» Protestans & les Pays Catholiques
» sont situés de maniére que l'on a plus
» besoin de travail dans les premiers
» que dans les seconds : la suppres-
» sion des fêtes convenoit donc plus
» aux pays Protestans , qu'aux pays
» Catholiques.

Je trouve encore une raison dans
le chapitre qui suit. » Par la nature
» de l'entendement humain , nous
» aimons en fait de Religion tout ce
» qui suppose un effort, comme en
» matiére de Morale , nous aimons
» spéculativement tout ce qui porte
» le caractére de la sévérité. Le
» Célibat a été plus agréable aux
» peuples à qui il sembloit convenir
» le moins , & pour lesquels il pou-
» voit avoir de plus fâcheuses suites.
» Dans les pays du Midy de l'Europe,
» ou par la nature du climat, la Loy
» du Célibat est plus difficile à ob-
» server, elle a été retenue ; dans

» ceux du Nord où les passions sont
» moins vives , elle a été proscrite ,
» &c.

Il faut rapporter fidélement toutes les raisons d'un Auteur quand on
veut le critiquer.

» Si la Religion la moins génante
» & *la plus commode* , continue l'Observateur , est suivant M. de Montesquieux , » celle qui s'accorde le
» mieux avec le gouvernement le
» plus libre , il faudra qu'il con-
» vienne nécessairement que l'Etat le
» plus despotique doit être aussi le
» plus disposé à recevoir la religion
» la plus génante , la plus contraire
» à nos plaisirs , la moins conforme
» à nos goûts , à nos penchans , à
» nos inclinations : en un mot la
» Religion Chrétienne. Ce qui con-
» tredit le principe qu'il a avancé plus
» haut, que le gouvernement moderé
» convient mieux à la religion Chré-
» tienne , & le gouvernement des-
» potique à la Mahométane.

L'Obsereateur fait raisonner M.
de Montesquieux , comme il lui
plaît , pour tirer de fausses consé-
quences.

M. de Montefquieux n'a jamais
dit qu'une religion plus ou moins
commode, plus ou moins gênante,
convînt plutôt à un gouvernement qu'à un autre.

Il a dit qu'une religion qui s'accorde avec les principes du gouvernement d'un Etat, convient mieux
à cet Etat, qu'une réligion qui s'y
accorderoit moins, convieudroit
moins, qu'une Religion qui ne s'y
accorderoit en rien, y feroit mal re-
çue, n'y fubfifteroit pas.

Ce n'eft pas précifément parce
qu'une religion feroit gênante ; c'eft
parce qu'elle feroit contraire au climat ou au gouvernement, qu'elle
feroit rejèttée.

Une Religion très-gênante pour
un climat, pour une certaine efpéce
de gouvernement, pourroit être
très-commode pour un autre pays,
pour un autre Etat.

Une Religion très-commode pour
une nation, pourroit être très-gênante pour une autre.

Voilà ce que l'Obfervateur n'a pas
confideré. L'idée qu'il nous donne
du Chriftianifme, comme d'une

Religion contraire à nos plaisirs, à nos goûts, à nos penchans, à nos inclinations, est une idée qu'un vrai Chrétien, comme ceux dont j'ai parlé, n'auroit pas de sa Religion; il la trouveroit agréable, satisfaisante, il trouveroit le joug du Seigneur léger.

La Religion Chrétienne seroit incompatible avec les principes du gouvernement des Turcs, elle seroit contradictoire avec les principes d'un Sultan.

La Religion Mahométane seroit contradictoire avec les principes modérés du gouvernement Anglais; avec un pouvoir tempéré comme celui de nos Rois. Elle seroit incommode pour tout ce qui n'est pas sous sa domination en Europe.

„ Dans le climat des Indes l'ex-
„ cessive chaleur brûle toutes les
„ campagnes; on n'y peut nourrir
„ que très-peu de bétail; on est tou-
„ jours en danger d'en manquer pour
„ le labourage, les bœufs ne s'y
„ multiplient que médiocrement,
„ ils sont sujets à beaucoup de ma-
„ ladies : une loi de Religion qui

» les conserve est donc très-conve-
" nable à la police du pays. Pen-
„ dant que les prairies sont brulées,
„ le riz & les légumes y croissent
„ heureusement, par les eaux qu'on
„ y peut employer. Une loi de Reli-
„ gion qui ne permet que cette nour-
„ riture est donc très-utile aux
„ hommes dans ce climat.

„ La chair des bestiaux n'y
» a pas de goût, & le lait & le
» beurre qu'ils en tirent, fait une
» partie de leur subsistance : la Loy
„ qui défend de tuer & de manger
» des vaches, n'est donc pas dérai-
» sonnable aux Indes.

Voilà donc une Religion très-
commode, très-utile dans un pays
qui seroit très-gênante, & très-
incommode dans un autre. Ce-n'est
donc pas sur la commodité, ou l'in-
commodité d'une Religion, qu'on
doit juger si elle est plus ou moins
propre à un Etat ; c'est sur le plus ou
le moins de rapport qu'elle peut
avoir avec la nature du gouvernement, ou celle du climat.

Aussi c'est ce que M. de Montesquieux dit dans tout son Ouvrage,

& non pas ce que l'Obfervateur veut
lui faire dire ; que c'eft parce qu'une
Religion eft plus commode qu'elle
eft plus propre aux Républiques
que c'eft la Religion la plus incommode qui s'accorde le mieux avec
le defpotifme. Voici les paroles de
M. de Montefquieux.

» La Religion Chrétienne eft
» éloignée du pur defpotifme. C'eft
» que la douceur étant fi recom-
» mandée dans l'Evangile, elle s'op-
» pofe à la colere defpotique avec
» laquelle le Prince fe feroit juftice
» & exerceroit fes cruautés. Cette
» Religion défendant la pluralité des
» femmes, les Princes y font moins
» renfermés, moins féparés de leurs
» Sujets, & par conféquent plus
» hommes ; ils font plus difpofés à
» fe faire des loix, & plus capa-
» bles de fentir qu'ils ne peuvent
» pas tout.

J'omets ici ce que j'ai déja cité,
lorfque j'ai parlé du fyftême de M.
Bayle, fur les *parfaits* Chrétiens.

» D'un autre côté, ajoute M. de
» Montefquieux, on voit le Ma-
» hométifme faire enfermer les en-

» fans du Roy de Sennar : à fa mort
» le Confeil les envoye égorger,
» en faveur de celui qui monte fur
» le Thrône . . . . . . C'eſt un
» malheur pour la nature humaine
» lorſque la Religion eſt donnée par
» un Conquérant. La religion Ma-
» hométane, qui ne parle que de
» glaive , agit encore fur les hommes
» avec cet eſprit deſtructeur qui l'a
» fondée.

Je parlerai dans une autre feuille,
des contradictions que l'Obſervateur
croit trouver dans l'ouvrage de M.
de Monteſquieux , à propos des
rapports qu'ont les Religions avec
les différens climats , & fur l'article de la tolérance , & de l'incon-
vénient du tranſport d'une Religion
d'un pays à un autre. C'eſt ici que
les bévues de l'Obſervateur fe fuc-
cédent à chaque page ; mais je
crains déja d'avoir paſſé les bornes.
J'ajouterai feulement pour continuer
ce que j'ai déja dit fur le plaiſant de
ces Obſervations, que M. L. D. L P,
conclut de l'Ouvrage de M. de
Monteſquieux, qu'on dira bientôt
la Religion d'Eté, la Religion d'Hi-

5er ; il n'a pas voulu ajouter *la Re-*
ligion du Printems, *la Religion de*
l'Automne ; cela m'étonne , lui qui
ne laiſſe jamais échapper une occaſion
d'être plaiſant.

ARTICLE IV.

De la Tragédie d'Oreſte.

JE ne donnerai point ici mon jugement ſur cette Tragédie , je
dirai ſeulement un mot d'une bro-
chûre que le hazard a fait tomber
ſous mes mains, intitulée , *Parallele*
d'Oreſte & d'Electre. On croit com-
munément que celui qui l'a faite eſt
l'Auteur d'Angola.

J'ai dit plus haut que rien n'étoit
plus indécent qu'une critique paſ-
ſionnée contre un grand homme ; je
me trompois, un éloge outré , mal
adroit , dicté par la prévention, ſans
connaître les ſujets dont on parle ,
eſt encore plus inſoutenable.

L'Auteur des Obſervations, qui
compare le Chantre d'Henri IV.
au Vainqueur de Darius, a fait rire

Il y avoit tant de belles choses à dire
sur la Henriade , sans comparer M.
de Voltaire à Alexandre. Il faut être
bien stérile pour n'imaginer que
cette comparaison.

Que dira-t'on de l'Auteur du
Parallèle , qui à propos d'Oreste,
s'avise de comparer M. de Voltaire
à Scipion l'Africain. A la vérité il
n'est pas étonnant que cet Auteur
ait des idées Militaires , c'est l'amour
des lettres qui l'a rétiré du service,
du moins c'est la raison qu'il en donne.

Il traite M. de Crébillon d'é-
colier , pour relever la gloire de
M. de Voltaire. Cela n'est pas adroit.
Si M. de Voltaire est vainqueur ;
l'éloge qu'on donne au vaincu , est un
laurier de plus pour le Vainqueur. M. de
Voltaire le dit lui - même dans
son discours préliminaire sur le
Poëme de Fontenoy. S'il est vaincu , voilà M. de Voltaire vaincu par
un Ecolier , cela n'est pas heureux.

Il ne falloit point contredire M.
de Voltaire dans un éloge qui lui
est adressé , or M. de Voltaire loin
de regarder l'Electre de M. de
Crébillon , comme l'ouvrage d'un

Ecolier, a dit autre-fois dans la
Préface de fon Alzire... » J'en
» appelle à l'Auteur de Radamifte
» & *d'Electre*, dont les Ouvrages
» m'ont infpiré les premiers, le
» defir d'entrer quelque tems dans
» la même carriére : fes fuccès ne
» m'ont jamais couté d'autres larmes
» que celles que l'attendriffement
» m'arrachoit aux Repréfentations
» de fes piéces ; il fçait qu'il n'a fait
» naître en moi que de l'émulation
» & de l'amitié.

Electre dit dans la piéce de M.
de Crébillon qu'elle a vû le tombeau
de fon pere.

Son tombeau de préfens & de larmes
couvert.

L'Auteur du Paralléle s'écrie là-
deffus, qu'il falloit qu'Electre eût la
vue bien fine, ou que ces larmes
fuffent fculptées en bas relief. Eft-ce
la prouver que M. de Crébillon n'eft
qu'un Ecolier? Ne feroit-ce pas plutôt l'Auteur de la critique ? Voilà ce
qu'on appelle *fiffler la Métaphore*, &c.

Il faut prendre garde quand on
fait un éloge, de n'avoir jamais rien

dit qui puiſſe le contredire. Ce
pendant l'Auteur dans une critique
contre M. Marmontel, traite ce
vers de *Denis le Tiran.*

Madame oubliez-vous *que vous parlex à
moi.*

De baragouin Suiſſe, il s'écrie,
plaiſante expreſſion. Et par une injure qui tient beaucoup du libelle
auſſi bien que toute ſa critique, il
ajoute.... » Je voudrois bien ſça-
» voir où M... a apris le Français.
» On dit que ſon premier métier a
» été de le montrer aux autres, il
» doit avoir fait de jolis écoliers.
L'Auteur ne penſoit point dans
ce tems là qu'il connaîtroit jamais
M. de Voltaire. Il n'eût pas dit tant
d'injures à M. Marmontel. Car Titus
dit à Meſſala, dans la Tragédie de
Brutus.

Meſſala ſongez-vous *que vous parlex à moi;*

Voilà donc du baragouin Suiſſe,
dans M. de Voltaire.

www.ingramcontent.com/pod-product-compliance
Lightning Source LLC
LaVergne TN
LVHW022018080426
835513LV00009B/779